U0935004

史记·货殖列传新诠

潘吟阁 著

四川文艺出版社

图书在版编目（CIP）数据

史记·货殖列传新诠 / 潘吟阁著. -- 成都 : 四川文艺出版社, 2025. 8. -- ISBN 978-7-5411-7349-3

Ⅰ. K204.2; F092.2

中国国家版本馆CIP数据核字第2025HB7742号

SHI JI · HUO ZHI LIE ZHUAN XIN QUAN

史记·货殖列传新诠

潘吟阁　著

出品人　冯　静
责任编辑　张亮亮
封面设计　叶　茂
内文设计　史小燕
责任校对　段　敏
责任印制　崔　娜

出版发行　四川文艺出版社（成都市锦江区三色路 238 号）
网　　址　www.scwys.com
电　　话　028-86361802（发行部）　028-86361781（编辑部）

排　　版　四川最近文化传播有限公司
印　　刷　成都东江印务有限公司
成品尺寸　130mm × 185mm　　开　　本　32 开
印　　张　3.5　　字　　数　50 千
版　　次　2025 年 8 月第一版　　印　　次　2025 年 8 月第一次印刷
书　　号　ISBN 978-7-5411-7349-3
定　　价　38.00 元

目　录

序一

太史公传货殖，上自皇初，下逮秦汉，纵暨朔南，衡至于东海流沙，网罗洪纤，原原本本，可谓尽史才之能事矣。世人辄以其重商贾，上货贿，与《儒林》《循吏》相比附，疑为不伦，遂忽焉不审其用意之所在。独恽子居则以为天下人才不归于师儒、官吏、游侠，则为商贾，是货殖一门，亦天下人才之渊薮。得其旨矣！然固未有分节按目举其体要，使世之人知迁所主张经济主义，与今之世界列邦经济家各有优点，诚憾事也。潘君吟阁出示《货殖新诠》一书，详且尽矣。读《史记》他纪传，率循是法，则无不批郤导窾，使龙门数千年不传之秘奥，昭昭然若揭日月而行也。顾吟阁之意，在兴发人人企业之心，毋徒薄商贾而不为。而今之商业成败得失，迥异于数千年以前：盖昔之商业尚信义，识时要，凭借地势，富有经验，则罔或不兴；今之商业，则有机焉，有权焉，有政策以保护调剂之焉，有母财以运用之焉。机不顺则旦暮出入，贵贱不相售必败。权不属则外界势力所迫压，必败。国家无保护调剂之政策，而听各商人之人自为战，势孤而力弱，必败。母财不足，无以使运用之灵，必败。非第如史迁云云也。观于吾国各地商场凋敝者十九，亦大可悯已！惜其无有如龙门之笔纵通横贯审其得失利害，为今《货殖传》以应时会之需要。吟阁有志于是，其图成之乎？然且天下汹汹，四方兵革未息，尚暇言经济政策耶？即言之，其谁我听耶？然则非著书之难，抑得其时者之难也！方还敬序。

序二

余幼读《货殖列传》，至范大夫既雪会稽之耻，扁舟浮于江湖，十九年中三致千金，散与贫交昆弟，不觉奋衣起曰："吾人进则为国家效用，退则自立立人，大丈夫不当如是邪！"既复取顾亭林先生传读之，观其漫游关中塞北，所至垦田度地，累致千金，以为三千年间，坐言起行，足为书呆子吐气，如顾如范，真吾师也！此为余幼年一大感想。

最近复读《货殖列传》，使我夷然有感者：则以如此绚烂大文章，乃取极高淡之老子学说冠于其首，所谓贵之征贱，贱之征贵，所谓人弃我取，人取我予，将以老学之精神战胜于经济界。彼谈商战者，乌乎知之？老子曰："圣人之道，为而不争，以其不争，故天下莫能与之争。”惟不知此义，故一业利则竞趋之，卒乃供过于求，而人我两败。老子又曰：“罪莫大于可欲，祸莫大于不知足。”惟不知此义，故少有所获，一意猛进，负担过于其能力，而俛兴俛覆。然则企业家经济学者，诚有研究老学之必要也夫。此为余最近读《货殖传》之又一感想。

潘君吟阁作《货殖传释义》，责余为之序，乃写前后感想弁于其端，亦将就教于读者也。

十五年四月三十日黄炎培

编者弁言

《史记》一书，是吾国文学界的京都。吾们一到京城里头，觉得形形色色，非常好看，有种种不同的人物、宫室，非他处所有。《史记》一书，也是这样。但是《史记》里头别篇文章，讲的都是一个人（或几个人）的事情，或是就一件事说。惟有《货殖传》一篇，讲的是种种社会的情形，且一一说明他的原理。所写的人物又是上起春秋，下至汉代；所写的地理，又是北至燕、代，南至儋耳；而且各人有各人的角色，各地有各地的环境，可当游记读，可当小说读。读中国书而未读《史记》，可算未曾读书。读《史记》而未读《货殖传》，可算未读《史记》。美哉《货殖传》！奇哉《货殖传》！

《货殖传》粗看看，觉得形形色色，如入千山万壑之中，不知何处是来龙，何处是去脉。但细心观察，则见其中层次分明，脉络贯通，一丝不乱。熟读此传，而谓本国文学的智识，尚不能进步，吾决不信。

《货殖传》为吾们不可不读的奇文，但不加诠释，读者一时或不易明了。编者为爱读《货殖传》之一人，发愿将全传加以注释。使阅者展卷了然，可以不假思索，尽知本传意义。此亦为爱读《货殖传》的人——即是编者对于《货殖传》应尽的义务，亦所以使未读本传的人，尽成爱读本传的人。

天下的事理，条条是真的。夏葛冬裘，贵乎用当其时。本传人物，读者或将以为是乘时攫利之资本家。但国际经济竞争剧烈的时候，为中心人物的专家，实不可无此手段。本传中有运用财政上手腕于一家的政治家，有各地方各都市之大商帮，有一姓世守之专家。可见史公并不注重一个私人之攫利。况且篇首冠以老子之说，以自然主义笼罩一切经济主义，无论何种经济最新学说，都不能出其范围；亦可见史公之识，卓绝千古了。

编者诠释是书，实在因为酷爱其文。至于主义的当否，理想的好坏，这要读者自己去体验出来。如果实地考验的结果，觉得太史公作此传，真是满纸胡言，与《西游记》《封神榜》一般，那么诸君不妨拿本书拉杂摧烧。

编者注释本传，于教课之余，随时下笔。虽多用白话文体，但亦有不尽然者。细看用文言所诠释的，亦有他的好处；因此也不去改削他。这一层，还请阅者诸君特别原谅。这种体裁，无以名之，只好叫他《三国演义》体。据我想来，用《三国演义》体做本传的演义，也是合用的。总之，编者是很信自然主义的人，觉得无一条道理不通，无一个方法不好用。本书用演义体，也是史公引用老子学说的意思。

有人说读了本书，要坏心术，这句话未免说得太浅。总之，本乎自然，出其智力，以求乐利，这是本书的宗旨。

十四年七月十四日潘吟阁

史记·货殖列传新诠

老子曰："至治之极，邻国相望，鸡狗之声相闻；民各甘其食，美其服，安其俗，乐其业，至老死不相往来。"必用此为务。挽近世涂民耳目，则几无行矣！

老子以野蛮时代部落生活为至治，野蛮部落是很小的，而且这部落与部落，又很相近；所以说邻国相望，鸡犬之声相闻。但是此时交通很不便，所以距离虽近，还是到老死不相往来。既然交通不便，不见异物而变迁他的思想，故吃的是本部落的食品，穿的是本部落的衣服，所习惯的是本部落的风俗，所快乐的是本部落的职业；他们的生活很简单，没有一些儿麻烦，所以主张无为主义的李老先生，就认为最好的政治了。等到后世文明进步，交通既便，见闻自广，而人类的欲望，也一天扩大一天；老子就以为涂塞人民的耳目，而不能行古代的至治了。挽通晚。

太史公要讲经济学，他先引一段老子的学说，很有深意。要晓得一切经济现象，都起于欲望（want）。没有欲望，简直没有经济可言，故史公要讲经济，先从反面说来。那么，请出这位无欲主义的李老先生出来。

太史公曰：夫神农以前，吾不知已；至若《诗》《书》所述，虞、夏以来，耳目欲极声色之好，口欲穷刍豢之味，身安逸乐，而心夸矜势能之荣，使俗之渐民久矣！虽户说以眇论，终不能化。

神农以前，是上古野蛮时代。史公作史，须求取信后人，故以《诗》《书》所载者为限。以前之时，置之不论。他的意思，就是说老子所说的“至治”实在惝恍迷离，不可凭信。况自虞、夏二代以来，一直到汉朝，其中二千余年，人类社会的现状，那一个不是要好听的好看的好吃的东西，身上穿的要温暖，住的房屋要安适，还不算，还要用种种的装饰品以表示他有钱有势，这风俗的变化人民，已不是一天了。虽拿李老先生这段妙论，挨家同他们讲，也没有用的。刍，食草之物；如牛羊。豢，食谷之物；如豕。刍豢之味，犹言肉味。渐，慢慢儿变化的意思。眇论，即妙论。

故善者因之，其次利导之，其次教诲之，其次整齐之，最下者与之争。

史公对于经济，既主张自然主义，故他以为第一最好的法子，是依社会上自然的趋势，使他们自己竞争，自己进步。这是社会经济自然的发展。其次是观察天然的环境，知道某方面的富源尚未开辟，于是引导人民去做这有利的事业。其次是详细教诲人民去经营实业。利导、教诲，虽能拓开财源，但较之善者因之，已逊一筹。至又其次者，并不能行助长政策，以求生财，但能将财政整理一下，使收支适合，使国家财务，条理井然，这所谓整齐了。至于最下者，则夺民之利，阻碍社会经济的发展，这是经济上的罪人。

夫山西饶材、竹、穀、纑、旄、玉、石，山东多鱼、盐、漆、丝、声色，江南出柟、梓、姜、桂、金、锡、连、丹、砂、犀、玳瑁、珠、玑、齿、革，龙门，碣石北多马、牛、羊、旃裘、筋角，铜、铁则千里往往山出，棋置，此其大较也。皆中国人民所喜好，谣俗被服饮食奉生送死之具也。

饶，多也。榖即楮，可以造纸之木也。纑音卢，山中之苎，可以为夏布者。旄，牦牛尾也（善案：旄，牦牛尾也，又案：旄与牦通，又与氂通）。此处似当作兽毛解。柟，俗称楠木，其质坚密芳香。梓，开淡紫色之花，俗称紫荆花，其木材甚佳。连，未炼之铅也。犀，犀牛。玳瑁，龟类，其甲可为装饰品。玑，珠之不圆者。齿，兽齿，可用者，如象牙。革，兽皮去毛者也。龙门，山名。在山西河津县与陕西韩城县之间，大禹所凿，亦即太史公生长之地。碣石，亦山名。古为海滨之山，在今河北省。旃，与毡通，皮衣也。如羊裘之类。史公分中国为四部，长江以南，谓之江南。长江以北，分为山东，山西，即此太行山为其分界，龙门、碣石以北，则蒙古一带，又自成一区。其所言物产，往往至今不变，可见地之所产，自有其天然分布之界域；愿读者细辨。此所举者，不过其大较而已！实为下文第三段文字伏线。大较，大略之意。史公既言物产，又言人民喜好谣俗，以见商货之销行，与风俗习惯，最有关系。西人初至中国通商，即在广州设一商会，以研究中国风俗，以及其他种种社会情形，其用意早为史公窥破。

故待农而食之，虞而出之，工而成之，商而通之。此宁有政教发征期会哉？人各任其能，竭其力，以得所欲。

虞，古代掌山、泽之官，包括森林、矿产等。史公虽以为老子无欲之主张陈义太高，然颇采老子之自然主义。故说农、虞、工、商之事，皆出于自然。岂有政令教训为之督责，为之约期聚会召集的么？因为这里头有个原理，人民所以各尽其能力者，实在要得他自己所要的东西；社会的成立，就是拿交易为基本原理，你如果不肯为社会尽力，你就不能得到社会的酬报，享其幸福。

故物贱之征贵，贵之征贱，各劝其业，乐其事，若水之趋下，日夜无休时，不召而自来，不求而民出之，此非道之所符，而自然之验邪？

这一段讲经济状况，全本自然，说得何等分明。而水之趋下，日夜无休时，形容经济社会情形，真如活动写真一般，佩服佩服！而物贱征贵，贵之征贱二语，更为经济上的金科玉律。欧战时，颜料之价，贵至四十倍，因为当时只有德国制造此物，自德国交通断绝，于是颜料就贵到这般田地。后来英、美二国，都有工厂出来仿造，即日本也有三个颜料公司，仿造各种颜料，并且中国江西省乐平等处，本来出产土靛，此时也乘机恢复旧业，故颜料的价钱，就一步一步跌下来了。等大战告终，那颜料的价值，更一落千丈了！这就是物贵之征贱的道理。在欧战的时代，中国的丝、茶，不能出口，于是丝厂也有停办的，烘茧的、养蚕的人家，因为亏本，就不高兴了；至于上海茶栈的茶叶，堆积如山，洋庄不动。慢慢的霉烂了，茶商无法，也只得削码出售，吃亏不少。到后来欧战停了，丝、茶又要出口了。但是上海存的丝、茶不多，所以丝、茶的价钱，就飞涨了！这叫做物贱之征贵。大战初平，各国打仗的人身上衣服，都很脏了，旁的衣服换不起，这着身的棉衣，总要换一截，可是当时欧洲的纺织厂，厂屋坍塌了，机器毁损了，工人一时也不能召集起来，咳！哪里能如海上神山一般，凭空发现许多新工厂来纺纱、织布，以供这无穷的需要，故此时纱价格飞涨，中国几家纱厂大出风头，并且这几家纱厂运气真好，因为全世界产棉花最多的是美国，大约每年要出产六万万磅，此时（民国七年）又适逢美国棉田大熟，花价大贱，花贱纱贵，故纱厂利益，实在可观；于是中国、日本都拼命的增设纱厂，于是锭数大增。但不久西洋各国旧有的纱厂，渐渐恢复起来，新的也建设起来了，人民的需要，也没有像欧战初平时的厉害，故纱价慢慢跌下来了。至民国十二年，因美花歉收涨价，于是翻转来，变成花贵纱贱之局，不好了，新开的纱厂有些站不住了，停工了，破产了。而日本也老老实实同行公议，按照锭数多少，各将机器毁去。从这种情形看来，经济变化，可谓玄之又玄。但是仍旧是物贱之征贵，贵之征贱的道理。还有交易所股票飞涨的时候，一般不明经济原理的人，还是拼命去买，不想这价钱天天往上涨起，涨到后来，不是要升到天上去不成，断没有这个道理。果然，后来大跌而特跌，一落千丈，不可救药。可见做生意不是好玩的，非细心读读《货殖传》不可。

《周书》曰："农不出，则乏其食；工不出，则乏其事，商不出，则三宝绝；虞不出，则财匮少。"财匮少，而山泽不辟矣。此四者，民所衣食之原也。原大，则饶；原小，则鲜。上则富国，下则富家。

《周书》为《逸周书》，即孔子删书时删去之书也。但此数语，甚有价值，故史公引之。三宝，珠、玉、金也。辟，开也。农、工、商、虞，为衣食之原，富国也在此，富家也在此。

贫富之道，莫之夺予。而巧者有余，拙者不足。

有余，谓之富。不足，谓之贫。富者无人予之钱，贫者亦无人夺之。要之皆由自取，有智巧则生产多而快，就慢慢的富了；拙笨的不能生产，就不得不贫了。

故太公望封于营丘，地泻卤，人民寡。

营丘，在山东昌乐县东南。泻音昔。泻卤，咸地。周朝封太公营丘的地方，是咸地，不好耕种，人民又少，总算苦极了，如果拙者居此，一定要不足了。

于是太公劝其女红，极技巧，通鱼、盐，则人物归之，繦至而辐凑；故齐冠带衣履天下，海岱之间，敛袂而往朝焉。

红，通工。繦，所以缚小儿于背上者，繦至，繦负其子而来也。辐，轮上直木；辐凑，言四方人物来集，如辐之聚于轮心也。太公虽然封了很苦的地方，但是他很聪明，他看见营丘的地方，不能耕种，他就丢掉农业，从事工业，于是劝女工。女子心细，纺织之事，最为相宜，故他劝女工。其结果使天下之人，头上戴的，腰间束的，身上穿的，脚上蹬的，都是齐国的织品。这笔利益，不是很大么？英国孟撤斯德一带，都是纺织厂，运销上海的洋布，每年达八千万两，倒很有一点齐太公的遗意。太公治齐，不但劝女工，以收纺织之利。并且竭力提倡工艺，至今山东工人，颇多技巧，亦其遗泽。咸地不好耕种，太公乃教民煮盐，且捕海中之鱼，于是又得两种大利。这么一来，齐国不但不贫，并且为极富之国，这可见太公之巧。

其后齐中衰，管子修之，设轻重九府。则桓公以霸，九合诸侯，一匡天下。而管氏亦有三归，位在陪臣，富于列国之君。是以齐富强至于威、宣也。

管子起衰之法，在设轻重九府。九府，大府、玉府、内府、外府、泉府、天府、职内、职金、职币是也。轻重，谓钱也。管子治齐，先整理金融机关，于是国富兵强，桓公以霸。三归，管仲所筑之台。陪臣，诸侯之臣。言管仲虽为诸侯之臣，而家中有三归之台；此其能富国，亦能富家也。管子修太公之政，富国之效，远及战国齐威王与齐宣王之时。

故曰：“仓廪实而知礼节；衣食足而知荣辱。”礼生于有，而废于无。故君子富好行其德，小人富以适其力。

此段言民富而后知礼义。君子、小人，以地位言。上流社会有钱，要做做好事了；平民有了钱，也不至十分劳苦了。

渊深而鱼生之，山深而兽往之，人富而仁义附焉。富者得势益彰，失势则客无所之，以而不乐，夷狄益甚。谚曰：“千金之子，不死于市。”此非空言也。故曰：“天下熙熙，皆为利来；天下攘攘，皆为利往。”夫千乘之王，万家之侯，百室之君，尚犹患贫，而况匹夫编户之民乎？

此言富者自有人说他好话，有仁义之名，且有势力，而名益彰明。至于贫者则毫无势力，出门不知到哪里去做客，若到夷狄去，那更为难了。若乌氏倮与戎人做生意，得到许多牛马，因为他有资本的缘故，贫者哪里办得到。故千金之家，他的儿子，不会死在市上，因为遇有危险的事，自有人保护他。无怪天下之人，熙熙攘攘，都是为点财利。熙熙攘攘，往来纷错也。以上第一段，论经济原理竟。

昔者越王勾践困于会稽之上，乃用范蠡、计然，计然曰：“知斗则修备，时用则知物。”二者形，则万货之情，可得而观矣。故岁在金穰，水毁，木饥，火旱，旱则资舟，水则资车，物之理也。

勾践为吴兵围困于会稽山之上，其后用范蠡、计然讲求富强之术。计然为范蠡之师，故操计然之说，以明二人之计画学说。研究经济，第一在知物，知物就是明白商品学；然知物之要，在知其时，知其用，时与用二者明白了，则万种货物的情形，可以洞若观火了。五行变化，不外阴阳循环之理。旱之后，必有水，水之后，必有旱，故在旱时，当备舟以待水时之用；水时，当备车以待旱时之用。这是物理所当然。

六岁穰，六岁旱，十二岁一大饥。夫粜二十，病农，九十，病末。末病，则财不出；农病，则草不辟矣。上不过八十，下不减三十，则农末俱利。平粜齐物，关市不乏，治国之道也。

水旱循环，固天然之变化；说者谓太阳光力，十二年中，岁有不同，故有此现象，亦是一说。米价贵贱太过，则皆有所病，过贵则害商，过贱则害农，故必设法剂其平，而后农商俱利。于是行平粜之法。贱时由政府收之，贵则粜之，从此米价常平，而国家籴贱贩贵，亦可得利，关市之间，不必征重税，而国用自足，此理财之要道也。

积著之理，务完物，无息币，以物相贸易，腐败而食之，货勿留；无敢居贵。

著，通贮。积蓄财货，第一使货物完全，物备则用广，且物各有用，务充分使用之，以完其用，则一物可以抵二物之用矣，此完字意味，最可玩索。至无息币之理，则更精。有货而无币，则无以贸易，欲求贸易之盛，宜使钱币不少休息。自西人行银行之制，于现款之外，更用期票、支票、汇票、纸币等，以信用代币之用，于是一钱可以为十数钱之用，无怪贸易日隆，积著益富也。以物相贸易，腐败者，犹设法以供食用。如近来德人之食黑面包，无非惜物节用之意，此充类至义尽之言，非真常吃腐败之物也。货勿留，亦无息币之意，要货物与钱币皆不使少有停息，至于价贵之物，更不敢居积，因贵者必贱，将受亏损也。

论其有余、不足，则知贵贱。贵上极则反贱，下极则反贵，贵出如粪土，贱取如珠玉。财币欲其行如流水。

欲知物价变迁，在先探究所存之数，是否足用？足用则贱，不足则贵；贵至极贵，即商家所谓顶盘；或贱至极贱，即商家所谓底盘，皆必回转。犹冬至则转阳，夏至则转反秋凉。故为商者于货贵时，宜急卖出，看他的货如粪土一般。反之于货贱时，宜急买进，如取珠玉。总之，财币要十分流通，方可以神其用。财币不用，等于无财币，善用而用之多，则其势力日大，积著之理，皆在于是。计然之说，其精华全在一用字。

修之十年，国富；厚赂战士，士赴矢石，如渴得饮；遂报强吴，观兵中国，称号五霸。

计然之策，修之十年，效果如此；可见强兵，先在富国。

范蠡既雪会稽之耻，乃喟然而叹曰：“计然之策七，越用其五而得意。既以施于国，吾欲用之家。”

计然之术，越国用其大半，已能得志于中国。可见其效力之宏，范蠡乃欲以之富家。

乃乘扁舟，浮于江、湖，变名易姓。适齐，为鸱夷子皮；之陶，为朱公。朱公以为陶天下之中，诸侯四通，货物所交易也。

富家莫如经商，经商首在择地。昔东印度公司屡次派人至中国考察，知上海形势最佳。后鸦片之战，英人即要求开上海为口岸，至今商务之盛，为五口之冠。范蠡游历江湖，决定以陶为其经商营业之地，何以故？因为有三件事：第一件陶之一地，为当时之中心点；第二件与各国交通便利；第三件各种货物，皆在此处交易。读者试掩卷思之，居今日而欲择地经商，要合此三条件者，果为何地乎？扁舟，小舟也。鸱夷，盛酒之皮袋。昔伍子胥死，吴王夫差盛之以鸱夷而浮之江，故范蠡易名为鸱夷子皮。盖欲避政治上之危险，而自隐也。陶，今山东定陶县。

乃治产积居，与时逐，而不责于人，故善生者，能择而任时。

范蠡治其家产，师计然之术，在居积货物明其用，而逐适当之时以获利；这是他师法计然的地方。但他的经商，还有两种本领，一是择地，即上一节里所讲的。一是择人，就是这一节里重言申明者。要知道做生意不识人，没有不失败的；故知人之明，为商家所不可少的本领。朱公能择地择人，无怪其能三致千金。

十九年之中，三致千金，再分散与贫交、疏昆弟，此所谓富好行其德者也。后年衰老，而听子孙，子孙修业而息之，遂致巨万。故言富者，皆称陶朱公。

巨万，万万也。范蠡三致千金，而能聚能散，不若守钱虏之专为子孙作马牛也。其子孙亦贤，不以朱公散财之故而致贫困，反能修业至巨万。

子贡既学于仲尼，退而仕于卫，废著鬻财于曹、鲁之间。

子贡，孔子弟子，名赐。孔子曰："赐不受命，而货殖焉；亿则屡中。"可见子贡很能识时，论到中国货殖家最老的，要算这位端木赐先生了。废，卖出；著，读贮，即存积货物也。子贡经商在曹、鲁之间，也在山东方面。

七十子之徒，赐最为饶益。原宪不厌糟糠，匿于陋巷；子贡结驷连骑，束帛之币以聘享诸侯，所至，国君无不分庭与之抗礼。夫使孔子名布扬于天下者，子贡先后之也。此所谓得势而益彰者乎！

孔子的学生，七十子最有才德，其中也有政治家、文学家、哲学家，惟子贡为实业家，兼做外交家。惟其为实业家，所以能做外交家。他聘享诸侯，所用的礼物，用一捆一捆的绸缎，你想阔气不阔气。所以一般势利的各国君主，也一个一个敬重子贡，以宾客之礼见子贡，款待他，好像一个国君的模样。并且孔子的名气大，也靠子贡的势力。譬方子贡到过的国度，孔子再去，这国里的人，知道是子贡的先生，就格外敬服。或者孔子先去，子贡后到，大家看见孔老先生有这样一个漂亮的学生，大家又佩服到五体投地了！可见人的名气，着实要有财力去帮衬才行。以上讲春秋时的货殖家。

白圭，周人也。当魏文侯时，李克务尽地力，而白圭乐观时变，故人弃我取，人取我与。夫岁孰，取谷，与之丝、漆，茧出；取帛絮，与之食。太阴在卯穰，明岁衰恶。至午旱，明岁美。至酉穰，明岁衰恶。至子大旱，明岁美，有水。至卯，积著率岁倍。

䗪，即茧。率，音律，定数也。李克治农业，以尽地力，但白圭欢喜做生意。他做生意，颇能得陶朱公、子贡的衣钵，善于观察时变，而“人弃我取，人取我与”二语，尤为白先生的名言。经商者常常拿这两句话，念念不忘，总可避凶就吉，这叫做生意经。在岁熟的时候，谷是出产得很多，价钱便宜，这位白先生就实行他人弃我取的主张，买进米谷，并且岁熟时，大家有了钱，要买丝绸，做做新衣裳；买点漆，去装饰他们的屋子，于是白先生又实行他人取我与的主张，卖给他们丝、漆、茧。岁凶的时候，田里出产靠不住，大家很愿意做工，白圭就取他们所出的帛絮，而与他们粮食。太阴，就是月亮。白圭观察天文，看月亮的位置，而知水旱循环的消息，以定卖买的方针。每年积贮钱财的定数，大约每年可增一倍，一年增一倍，二年增四倍，三年八倍，第十年要一千零廿四倍，十年以后，这还了得么？咳！可怕！

欲长钱，取下谷，长石斗，取上种。

时与用，为计然理财之要道，白圭祖述其意。不但能观时变，尤能明物用。譬如谷之一物，有上品，亦有下品，而白圭能各得其用，下谷可以出售，以获厚利。上种可以为种子，将来田里的收成，一定可观。

能薄饮食，忍嗜欲，节衣服，与用事僮仆同苦乐，趋时若猛兽鸷鸟之发。

这一节，史公描写白圭之为人，第一节俭，第二勤苦，第三敏捷，细玩自知史公形容之妙。

故曰：“吾治生产，犹伊尹、吕尚之谋，孙、吴用兵，商鞅行法是也。是故其智不足与权变，勇不足以决断，仁不能以取予，强不能有所守，虽欲学吾术，终不告之矣。”

以上史公引白圭之言，中国从前商家，往往以读书不成者为之，间有一二聪强者，奋起于其间，又苦于社会制度之压迫，自居末流，不敢有远大之志。若白圭之以伊、吕、孙、吴、商鞅自况，可为千古商人吐气。自海通以来，商战不竞，经济日涸，世果有白圭其人乎？余安得不以伊、吕、孙、吴视之耶？白圭复以智、仁、勇、强四字，为商人修养之标准，世之从事商业者，能不知所奋勉？夫智识丰富，思想精敏，方可以权变；意志坚固，方可决断；有爱人之心，其度量甚洪，乃能有所予。管子曰：“知予之为取，政之宝也。”故惟知较及锱铢者，必不足以为大商也。而强之一字尤要，强即坚忍之谓，商业上之困难危险，有如扁舟涉洪溟，如无坚忍之志以守之，则一遇挫折，往往因之中止，而前途之事业，遂毁弃于无形矣。故于智、仁、勇三达德，再须用一强字以守之。

盖天下言治生祖白圭，白圭其有所试矣！能试有所长，非苟而已也。

史公赞许白圭，自有所长，非苟而已也。今之为商者，苟无所长，何能望成功耶？

猗顿用盬盐起，而邯郸郭纵，以铁冶成业，与王者埒富。

盬，盐池也。猗顿在今山西蒲州一带，取盐池之盐以成富。邯郸，今河北邯郸县，郭纵在此冶铁，后来与王者一样的富。

乌氏倮，畜牧及众斥卖，求奇绘物，间献遗戎王，戎王什倍其偿与之畜，畜至用谷量马牛。秦始皇令倮比封君，以时与列臣朝请。

乌氏，县名。倮，人名。偿，《索隐》本作当；言价值也。此人专事牧畜，及牛羊众多，即斥卖之，以卖得之钱，去求奇异可喜之丝织品，乘间去送给戎王。戎王大喜，于是以牛马送还他，牛马来的时候，不算头数，但拿几个山谷来计量。譬如戎王得一百匹绸缎，而他送还乌氏倮的马牛，有几个山谷，此牛马之价钱，实在要比绸缎加十倍。这样，乌氏倮的牛马，一天多一天，故秦始皇也款待他同封君一般。

而巴蜀寡妇清，其先得丹穴，而擅其利数世，家亦不訾。清，寡妇也；能守其业，用财自卫，不见侵犯。秦始皇以为贞妇而客之，为筑女怀清台。

不訾，言资财众多，不可訾量也。蜀清擅丹穴之利，始皇为筑台以表其贞。

夫倮鄙人牧长，清穷乡寡妇，礼抗万乘，名显天下，岂非以富邪?

倮，鄙人耳；清，寡妇耳。而为中国专制魔王秦始皇帝尊礼如此，岂非以富耶？以上第二段，记春秋战国的实业家竟。

以下第三段，说汉时各地的风俗、物产、交通。研究商业，最要在研究各地物产、风俗。《兵法》言："为将者，不可以不知地理。"而研究商业地理，则物产、风俗为二大要点。史公于此传中特别将汉代各地物产、风俗描写一番，真有见识。史公好游，足迹遍天下，所写又为经验之谈，诚吾国著作界之瑰宝。近今日本学者为经营对华贸易故，竭力研究中国事情，谓之"支那研究"，明白中国事者，谓之"支那通"，其所出关于中国经济之书籍，于中国各地之物产、风俗，详载无遗。噫，谁谓史公精意，反借寇兵而赍盗粮也！

梁任公先生著《中国历史研究法》，其第六章有一节，论《货殖传》颇精，兹录之：

"孟子尝标举知人论世之义，论世者何？以今语释之，则观察时代之背景是已。人类于横的方面，为社会的生活；于纵的方面，为时代的生活。

苟离却社会与时代，而凭空以观某一个人或某一群人之思想动作，则必多不可了解者，未了解而轻下批评，未有不错误者也。故作史如作画，读史如读画，最要注察背景，旧史中能写出背景者，则《史记货殖传》实其最好模范。此篇可分为四大段：篇首‘老子曰至治之极’起至‘而况匹夫编户之民乎’止，为第一段，论经济原则及其与道德之关系。自‘昔者越王勾践困于会稽’起至‘岂非以富邪’止，为第二段，纪汉以前货殖之人。自‘汉兴海内为一’起至‘令后世得以观择焉’止，说明当时经济社会状况。自‘蜀卓氏之先’起至篇末，纪当时货殖之人。即以文章结构论，已与其他列传截然不同。其全篇宗旨，盖认经济事项，在人类生活中含有绝大意义，一切政教，皆以此为基础。其见解颇有近于近世唯物史观之一派，在吾国古代已为特别。其最精要处，尤在第三段，彼将全国分为若干个经济区域，每区域寻出其地理上之特色，举示其特殊物产及特殊交通状况，以规定该区域经济上之物的基件，每区域述其历史上之经过，说明其住民特殊性习之由来，以规定该区域经济上之心的基件。吾侪读此，虽生当二千年后，而于当时之经济社会，已得有颇明了之印象。其妙处乃在以全力写背景，而传中所列举之货殖家十数人，不过借作说明此背景之例证而已。此种叙述法，以旧史家观之，可谓奇特。各史列传，更无一篇敢蹈袭此法，其表志之记事，虽间或类此，然求其能如本篇之描出活社会状况者，则竟无有也。吾侪今日治史，但能将本篇所用之方法，扩大之，以应用于各方面，其殆庶几也。”

梁先生对于货殖一传，可谓佩服到五体投地了。其认为最精要之第三段，即现在方要提出者，请读者诸君细观罢！

汉兴，海内为一，开关梁，弛山泽之禁；是以富商大贾，周流天下，交易之物，莫不通，得其所欲。

史公于经济主张自然主义，而国家禁令，最足以阻商业之发展，故言汉时商业之盛，原于汉廷能弛禁也。

而徙豪杰、诸侯、强族于京师。关中自汧、雍以东，至河华，膏壤沃野千里。自虞、夏之贡，以为上田；而公刘适邠，大王、王季在岐，文王作丰，武王治镐，故其民，犹有先王之遗风；好稼穑，植五谷，地重，重为邪。及秦文、孝、缪居雍隙，陇、蜀之货物而多贾；献、孝公徙栎邑，栎邑北却戎、翟；东通三晋，亦多大贾。武、昭治咸阳，因以汉都长安诸陵，四方辐凑，并至而会，地小人众，故其民益玩巧而事末也。

汧水，出陕西陇县西北汧山，东流入渭；雍水，出陕西凤翔县西北雍山，东流入渭。郊，今陕西郊县。岐，山名，在陕西岐山县西北。镐，在今陕西长安县西。地重，言重耕稼也。重为邪，以作邪恶之事为重，即不敢轻于作恶也。缪，音木。秦文、孝、缪，秦之文公、孝公、缪公也。雍隙，地居甘肃、四川之间。栎邑，在今陕西临潼县东北。咸阳，在今陕西长安县东。长安，在今陕西长安县西北。这一段，讲陕西一带情形，当时叫作关中。就是说在函谷关的里面，自汧、雍二水一直到黄河、华山为止，都是关中之地。关中有膏壤沃野约一千里，从虞舜、夏禹的时候，已经算上等的田地，那边百姓又受了公刘、大王（大读太）、王季、文王、武王的感化，所以都欢喜种田，安土重迁，不肯出门去做生意，亦不肯轻易做邪恶之事；

凡是农业发达的地方，都有这种风气。及周平王迁都洛阳，于是关中之地，变为秦国，秦文、孝、缪居雍隙，于是甘肃、四川一带的货物，都在秦国转运交易，而商贾慢慢多起来了。秦孝公迁都栎邑，这地方北面同蒙古人接触，东面交通山西，所以也多出许多富商大贾来。等到秦武王、昭王的时候，建都咸阳，汉朝都长安。秦之咸阳，汉之长安，都在现今陕西、长安的地方。况且汉朝皇帝死了，他的山陵之地，还要迁移许多百姓住在旁边，又曾徙豪杰、诸侯、强族于京师（京师即指长安）。所以长安的地方，人口一天多一天了。人既愈聚愈多，于是地方觉得狭小起来了。譬如现在上海地方，地价日贵，实在人山人海，觉得地小不容。那个时候，如还要种田，地价既这样贵，哪里种得起，不得不改做工，或者开店，故史公说："地小人众，故其民益玩巧而事末也。"末，末业；即商业。近来都市之地，工商业发达，都是这个道理，史公目光如炬，说得最为简切。今拿江苏省来比喻，全省膏腴，可作关中观，像上海可作关中之长安观；内地各县风气与上海截然不同。与史公所言，若合符契。汉都关中，故史公先说关中。

南则巴蜀，巴蜀亦沃野，地饶卮、姜、丹沙、石、铜、铁、竹、木之器，南御滇、僰，僰僮，西近邛、笮、笮马、旄牛，然四塞，栈道千里，无所不通，唯褒斜绾毂其口，以所多，易所鲜。

卮，烟支也；紫赤色也。僰，音蒱，古中国西边野人所居之地，僰僮，言僰地出僮仆，犹言非洲出黑奴也。邛、笮，音穷昨，古西南夷二国名。笮本竹索之意，夷俗用竹索渡水，故名。旄牛，牛之一种；旄，与牦通。四塞，四境皆有要塞也。栈道，川、陕之间，山路难行，架木铺板以行，谓之栈道。褒，音包。褒斜，陕西终南山之谷也。亦名石牛道。秦惠王欲伐蜀，而不知道，作五石牛以金置尾下，言能屎金，蜀王令五丁力士引之成道，因曰石牛道，自此为秦、蜀交通要道。绾，联贯之意，毂，凑聚之意，言一千里之栈道，有石牛道联贯凑聚于其北口也。这一段，说四川的物产，及与关中的交通。

天水、陇西、北地、上郡，与关中同俗，然西有羌中之利，北有戎、翟之畜，畜牧为天下饶，然地亦穷险，唯京师要其道。

天水，汉郡名，今甘肃通渭县西南。陇西，汉郡名，治狄道，今甘肃狄道县。北地，汉郡名，故郡城在今甘肃环县东南。上郡，汉时郡名。旧陕西榆林道及内蒙古鄂尔多斯左翼之地，故郡城在陕西绥德县。翟，与狄通。要其道，要音腰，言要束其路也。这一段，说甘肃的风俗与关中相同，但还可得蒙古、青海一带畜牧上的利益，不若关中之仅赖农、工，而其交通，又不可不经关中之长安（即京师）。

故关中之地，于天下三分之一，而人众不过什三，然量其富，什居其六。

以上三段，第一段，说关中农、工、商业发达之因缘。又从陇西之货物而多贾一语，推出下两段文字：一段说蜀，一段说陇。而从交通上看来，即从“唯褒斜绾毂其口”“唯京师要其道”二语看来，陇、蜀之贸易权，实操于关中，是关中又可借陇以吸取羌中、戎、翟畜牧之利，此关中之富，所以甲于天下也。故关中之地，其面积占天下三分之一耳，人口占十分之三耳，而其富力则占十分之六。观此，则项羽之弃关中于汉，卒致败亡，其理由可以雪亮于胸中。今世衡国力强弱，地大不如人众，人众不如财富，其理可以深长思矣。

昔唐人都河东，殷人都河内，周人都河南，夫三河在天下之中，若鼎足，王者所更居也，建国各数百千岁；土地小狭，人民众，都国诸侯所聚会，故其俗纤俭习事。

河东，汉郡名，在今山西，以其在黄河之东，故名。河内，汉郡名，今河南省旧河北道地。河南，汉郡名，今河南省黄河以南一带地。此三郡，为古帝王所居，如鼎之三足，因建国久，故人民众多，而土地小狭，不足以养其人，于是民俗纤俭习事。纤俭，啬也。纤俭，故能积贮；习事，故善于经商。近代山西票号称雄全国，在银行未设时，吾国金融，实操于晋人之手。这一段，说三河人善经商，是总冒。

杨、平阳陈西贾秦、翟，北贾种、代。种、代、石北也，地边胡，数被寇。人民矜懻忮，好气任侠为奸，不事农、商。然迫近北夷，师旅亟往，中国委输，时有奇羡。其民羯羠不均，自全晋之时，固已患其慓悍；而赵武灵王益厉之，其谣俗犹有赵之风也。故杨、平阳陈椽其间，得所欲。

杨，汉县名，在今山西洪桐县，故杨侯国。平阳，汉县名，在今山西临汾县；古为尧都。汉时此二县，皆属河东郡。陈字疑衍，观下文杨、平阳陈椽其间，陈椽其间陈字属下，陈椽，犹经营驰逐也。此处陈字，或因下文之故而传抄时多写者。如解为地名，则陈在河南开封，此处所举地名，皆河东郡地，乃今山西地。故曰："西贾秦、翟，北贾种代。"秦，关内也。即指陕西。翟，即狄；指蒙古。种，之勇切，古地名，在石邑县北。代，今山西代县。矜，自贤也。懻，音冀，强直也。忮，嫉妒也。奇，音羁，奇羡，余多也。羯，音揭，羊之被阉割者。羠，音夷，壮羊之去势者。羯羠不均，言人性若羊，捷悍而不均也。僄，音剽，身轻便也。上一段，言三河之人纤俭习事适于经营商业，此段乃先说三河中之河东，举杨、平阳二地做代表，他们西面向秦、翟做生意，北面向种、代去做生意。史公乃详细将种、代的风俗，描写一番，以见这处风格十分粗悍，不明经济，与纤俭习事之杨、平阳商人相遇，哪里敌得过，自然尽得所欲，尽他们赚钱了。

温、轵西贾上党，北贾赵中山。

温、轵皆汉时县名，属河内郡。上文以杨、平阳代表河东；这一段以温、轵代表河内。上文说“杨、平阳西贾秦、翟，北贾种、代”，是说明河东人经商之贸易区域，这段说“西贾上党，北贾赵中山”，是说明河内人经商之贸易区域。上文于“北贾种、代”，详说种、代风俗，而于秦、翟不着一字，因秦、翟情形于关中一大段，已详言之矣。此段于上党亦不加申说，因上党郡邻河东，其俗相同也。温，今河南省旧河北道温县；轵，河南省旧河北道济源县。

中山地薄人众，犹有沙丘纣淫地余民，民俗懁急，仰机利而食。丈夫相聚游戏，悲歌慷慨；起则相随椎剽，休则掘冢作巧奸冶；多美物，为倡。女子则鼓鸣瑟，跕屣，游媚富贵，入后宫，遍诸侯。

中山，河北旧津海道，西部之地。沙丘，在河北平乡县东北。商纣聚乐戏于此。懁，音绢，急也。椎剽，即杀人而剽掠之也。美物，一作弄物。跕，音帖，轻曳也。屣，音蓰，履之无跟者也。这一段，说河内商帮第一个贸易区域就是中山。中山地方，地薄人众，本来工商业应当发达，无如受商纣淫恶之影响，所以弄到男盗女娼，风俗之腐败，真不可收拾。于是河内帮就可向他们身上谋利益了。

然邯郸，亦漳河之间一都会也。北通燕、涿，南有郑、卫，郑、卫俗与赵相类，然近梁、鲁，微重而矜节。濮上之邑徙野王，野王好气任侠，卫之风也。夫燕亦勃、碣之间一都会也，南通齐、赵，东北边胡，上谷至辽东，地踔远，人民稀，数被寇，大与赵、代俗相类；而民雕捍少虑，有鱼、盐、枣、栗之饶，北邻乌桓、夫余，东绾秽貉、朝鲜、真番之利。

河内帮第二个贸易区，就是赵；然而赵的生意，不像中山好做了；因赵地也有一个大都会，叫做邯郸；那是当时很热闹的地方。这邯郸凭一条漳河做交通要道。邯郸，即河北旧大名道邯郸县。汉时亦为邯郸县。邯郸之地，北面通燕、涿，南面通郑、卫。涿，河北旧口北道涿县地。燕，是旧京兆地。郑，是今河南省中之新郑县。卫，是河南卫辉一带地。邯郸既有燕涿郑卫做他的贸易区，故史公再说郑卫的风俗，并论及野五的风俗。野五，在今河南省沁阳县，汉时为野五县，濮上是卫国地，秦拔濮阳，徙卫君于野五，故曰“濮上之邑徙野五”。卫君既迁移到野五，卫国百姓相随而来，所以野五有卫国的风气。邯郸既与燕交通，但燕在勃海、碣石山之间，也是一个大都会。南通齐、赵，东北与蒙古边界相接。从上谷到辽东，地域辽远。上谷，汉郡名。在今河北保定、易州、宣化、河间一带，辽东亦汉郡名，今辽宁东南境。踔，音绰，高远也。燕人雕捍少虑，言其如雕性之捷捍也。论到他们的物产，则有鱼、盐、枣、栗之饶，至今北洋之渔业，长芦之盐田，天津之红枣，良乡之栗子，还是很出名的。燕的北面，与乌桓、夫余二国相邻。东面连秽貉、朝鲜、真番，都可与他们交易，得其利益。乌桓，东胡别种。汉初其国为匈奴所灭，乃迁居乌桓山，后屡侵汉，为曹操所破。夫余国在今辽宁之昌图、洮南以北，及蒙古科尔沁诸旗地。夫，一作扶。秽貉国，今奉天凤城县东，及朝鲜江原道皆其地。貉，通貊，音陌。真番，汉郡名。汉武帝灭朝鲜，置真番郡于鸭绿、佟佳两江及兴京附近之地。番，音潘。

洛阳东贾齐、鲁，南贾梁、楚。

史公上文言三河之人纤俭习事，善经商；又举出杨县、平阳县人，以见河东帮做生意的方向；又举出温县、轵县人，以见河内帮做生意的方向。现在又举出洛阳人来代表河南帮，说他们东向齐、鲁做生意，南向梁、楚做生意，齐、鲁、梁、楚，就是他们做贸易区。洛阳，亦汉县名，属汉河南郡。

这一句总冒下文，直贯至“番禺亦一都会也，珠玑、犀、玳瑁、果、布之凑”句为止。下文分齐、鲁、梁、楚四段，楚一段，又分西楚、东楚、南楚三小段。

故泰山之阳则鲁，其阴则齐。

这一句为齐、鲁二段总冒。阳，山南；阴，山北也。

齐带山海，膏壤千里，宜桑、麻，人民多文采、布帛、鱼、盐。临菑亦海岱之间一都会也。其俗宽缓阔达，而足智好议论。地重，难动摇，怯于众斗，勇于持刺，故多劫人者，大国之风也。其中具五民。

齐俗重农、工，地滨海，其俗宽缓阔达，虽足智好议论，然遇纤俭习事之洛阳人，终逊一筹。临菑，齐国之都，山东旧胶东道临菑县，一作临淄，为汉齐郡郡治。五民，士、农、工、商、贾也。

而邹、鲁滨洙、泗犹有周公遗风，俗好儒，备于礼，故其民龊龊。颇有桑麻之业，无林泽之饶，地小人众，俭啬，畏罪远邪。及其衰，好贾趋利，甚于周人。

不好了，洛阳人碰到一个敌手了。邹、鲁之人，因为地小人众，所以也是养成了俭啬的习惯，而且好贾趋利，比洛阳人还要厉害。洙水，泗水支流。泗水出山东泗水县陪尾山。鲁，今山东兖州至邳、泗，皆其地也。邹，今山东邹县地。龊，音促。龊龊，急促局陋貌。这一段，说鲁，带说一个邹。

夫自鸿沟以东，芒砀以北，属巨野，此梁、宋也。陶、睢阳，亦一都会也。昔尧作游成阳，舜渔于雷泽，汤止于亳，其俗犹有先王遗风。重厚多君子，好稼穑，虽无山川之饶，能恶衣食，致其畜藏。

鸿沟，秦始皇开鸿沟引河水以灌大梁，即今之贯鲁河是也。芒砀，山名。在江苏砀山县东南。巨野，汉县名。亦作钜埜。今山东钜野县，北有大泽，即禹贡之大野泽。自鸿沟以东，芒砀以北，至钜野，此梁、宋二国之地也。陶，今山东定陶县。睢阳，汉县名，故宋地，在今河南商丘县。成阳，在今山东濮县东南。雷泽，湖泽名，在今山东濮县东南，在汉成阳县西北。亳，音薄，今河南商丘县。以上说的，是梁、宋民风厚重，喜农业，都是因为从前历史的关系。

越、楚则有三俗：

　　此句总冒下三小段，仍注重风俗说，楚灭越，兼有越地，故言楚、越也。

夫自淮北、沛、陈、汝南、南郡，此西楚也。其俗剽轻，易发怒，地薄，寡于积聚。江陵故郢都，西通巫巴，东有云梦之饶。陈在楚、夏之交，通鱼、盐之货，其民多贾。徐、僮、取虑，则清刻矜已诺。

此一段言西楚汉之沛郡、陈县、汝南县及南郡之地为西楚。江陵，汉时南郡首县，故楚之郢都也。后为荆州，湖北旧荆南道江陵县是也。云梦，古泽名，在长江北者为云，在江南者为梦，在今洞庭湖之北，湖北枝江县以东，安陆县以南，湖南华安县以北，皆其地，后悉为邑居聚落。陈，为汉县名，属淮阳国故国；舜后胡公所封。沔水至南郡为夏水，至江夏郡入江，沔水与夏水、汉水本一水，故夏水入长江处，谓之夏口，亦谓之汉口。陈在楚、夏之交，故交通便利，其民善营商业，通鱼、盐之货，其贸易之地，在徐县、僮县、取虑县，此三县，皆属汉临淮郡。临淮郡，在今安徽盱眙县西北。徐县、僮县，并在今安徽泗县，取虑县在今江苏睢宁县西南。

彭城以东，东海、吴、广陵，此东楚也。其俗类徐、僮，朐、绘以北，俗则齐。浙江南则越，夫吴自阖闾、春申、王濞三人，招致天下之喜游子弟，东有海盐之饶，章山之铜，三江、五湖之利，亦江东一都会也。

此一段言东楚汉之东海郡、会稽郡、广陵国一带，为东楚之地。吴县为汉时会稽郡首县，即后之苏州。广陵国治广陵在后扬州。汉时封建与郡县并行，故郡国分治。朐、绘，汉时二县名，属东海郡。阖闾，春秋时吴王名。春申君，楚公子黄歇。王濞，汉高祖兄仲之子，封吴王。濞，音湃。此三人招致喜游子弟，故吴之风俗与之俱化。章山，豫章郡之山也。铜山，在今安徽宣城县、江苏句容县一带。三江，吴淞江、娄江、东江也，皆太湖支流。五湖，即太湖、长荡湖、射湖、菱湖、滆湖也。吴有盐、铜与灌溉之利，故蔚为长江以东之大都会。当时吴王所铸之铜钱，满布天下，亦可见其富矣。此段言东楚。以吴为东楚之都会，爰详言之，以见东楚为财货所聚。犹上段言西楚以江陵与陈二都会为代表。

衡山、九江、江南、豫章、长沙，是南楚也。其俗大类西楚，郢之后徙寿春，亦一都会也。而合肥受南北潮，皮、革、鲍、木输会也。与闽中于越杂俗，故南楚好辞，巧说少信。江南卑湿，丈夫早夭，多竹、木，豫章出黄金，长沙出连、锡，然堇堇物之所有，取之不足以更费。九疑、苍梧以南，至儋耳者，与江南大同俗，而杨越多焉。番禺亦一都会也，珠玑、犀、玳瑁、果、布之凑。

此一段言南楚。南楚范围最大，包括现在安徽、湖南、江西、浙江、福建及两广。九江、豫章皆汉郡名。衡山，今湖南衡阳县一带。九江郡，旧江苏淮阳道、安徽安庆道及淮泗道中部，皆其地。江南指丹阳郡治宛陵，今安徽宣城县是也。豫章郡治南昌，即今江西南昌县。长沙汉时国名，治临湘即今湖南长沙县。寿春，今安徽寿县，乃汉时九江郡之首县。楚考烈王迁都于寿春，仍称之为郢，故曰郢之后，徙寿春也。合肥，汉县名，属九江郡、安徽。旧安庆道合肥县。合肥县在长江与淮水之间，南受长江之潮，北受淮水之潮，故曰受南北潮。史公言此，以见合肥交通之便，可以为江、淮两流域货物输运聚会之处，其大宗物品，为皮、革、咸鱼、木材之类。合肥既为南北交通之枢纽，都会之地，五方杂处，故其风俗与闽中、于越相杂。闽中即今福州一带，于，读瓯，今温州一带。史公既说明寿春、合肥为南楚二都会，下文更列举江南、豫章、长沙之物产堇，少也，言所出不多也。更，偿也；言矿中所得者少，不足以偿开矿所费也。九疑山名，在湖南南境。苍梧亦即九疑山。儋耳为大岛，在广州南，即今之海南岛。史公既言江南、豫章、长沙之物产，乃论岭南以至儋耳之风俗物产及其都会，其风俗同江南。而扬州之南越民族为多，越本古代在江、浙、闽、粤一带之种族，以其种族多，谓之百越。而在浙江者为于越，在广东者为南越，越亦作粤。番禺为汉时岭南之都会，珠玑、犀、玳瑁、果、布等品，皆聚于此。番禺音潘虞，即广州。今其地仍出龙眼、荔枝、香蕉、橘子、夏布等品。中国文明由北而南，楚即南方，南方范围甚大，故史公剖之为东楚、西楚、南楚，一一详记其民俗都会物产，而皆根上文洛阳东贾齐、鲁，南贾梁、楚一句来。自“昔唐人都河东”起，至此处止，以三河为总脉复分三大干，而洛阳一干，又分三支；其末一支，言南楚以广州为结穴，观其章法结构，何等谨严。以上说楚带说越。

颍川、南阳，夏人之居也，夏人政尚忠朴，犹有先王之遗风。颍川敦愿，秦末世迁不轨之民于南阳，南阳西通武关、郧关，东南受汉、江、淮、宛；亦一都会也，俗杂好事，业多贾，其任侠，交通颍川，故至今谓之夏人。

颍川、南阳皆汉郡名，颍川郡在今河南旧许州、陈州、汝宁、汝州诸府州，以及禹县至阳武各县皆是，其首县为阳翟，即今河南禹县。南阳郡即在今河南南阳湖北襄阳一带，其首县为宛县，即今河南南阳县。首夏禹居阳翟，又居南阳，故史公曰

“颍川、南阳，夏人之居也”。颍川之敦愿，实为夏人忠朴之旧风。但秦之末世，曾迁不轨之民于南阳，故南阳风俗，因之杂乱。且其交通便利，西面陆路交通，可出武关、郧关，东南水路交通，有汉水、长江、淮水，所以人民从事商业者日多。南阳郡之都会，即其首县宛县；宛县之人民，不但多就商业，并且喜与颍川人交通，有义侠之风，故至汉时尚称之夏人。

自“汉兴海内为一”起至此，史公历叙汉时各郡国之商况，起处即言：“汉兴开关梁，弛山泽之禁，是以富商大贾，周流天下。”于是下文即分述五大商帮。第一帮，为京师帮，其贸易区为陇、蜀。第二帮，为河东帮（杨、平阳），其贸易区为秦、翟、种、代。第三帮，为河内帮（温、轵），其贸易区为上党、赵中山。第四帮，为河南帮（洛阳），其贸易区为齐、鲁、梁、楚。第五帮，为南阳帮（宛），其贸易区在汉水、长江、淮水三流域，及武关、郧关一带。京师帮之来历，为汉时所徙豪杰、诸侯、强族，又受秦文、孝、缪之影响，又因地小人众，故人民喜从事末业。而巴蜀之交通，唯褒斜绾毂其口。天水、陇西一带之交通，唯京师要其道；以交通论，亦适占陇、蜀之中心。况关中农产丰富，以之与陇蜀交易，自操胜算，此京师帮昌盛之原因也。至纤俭习事之三河帮（河东、河内、河南），更为汉时商业界之重心，惟其纤俭习事，故矜懻忮之种、代人，慓急之中山人，任侠矜节之郑、卫人，雕捍少虑之燕人，宽缓阔达之齐人，龊龊好儒之鲁人，厚重之梁、宋人，剽轻易发怒之西楚人，喜游之吴人，巧说少信之南楚人，皆非其敌，而三河帮乃横行于天下矣。至异军突起，可与三河帮争利者，则为南阳帮。南阳帮，凭汉、江、淮三水之交通，与三河帮相竞于东西楚之间。

当时经济之重心，实在关中，而为之辅车者，则三河、南阳也。故史公言五都之盛，以见经济集中之状；然地方商帮各守一隅，足以与三河相抗者，亦非无之其一邯郸，其二为燕，其三为临菑，其四为鲁，其五为陶、睢阳，其六为江陵，其七为陈，其八为吴，其九为寿春、合肥，其十为番禺，凡此皆物产丰足，交通便利，足以为一方之重心，而形成一都市，然终不如三河、南阳之所取者广也。由此观之，商业之事根于地理者半，根于历史者亦半。由历史以铸成风俗，好贾趋利之风，非一朝一夕之故。史公之言民俗，必先详其历史者，盖有由也。近来吾国商帮，以广东帮、宁波帮为著，亦以中外互市之历史造成之；盖二地之与外人交易，实始于明代，故二地之人习于外洋之事，今华洋贸易日广，二帮亦缘是日即隆盛，而山西帮虽欲因袭其汉代三河之势力，亦不可得矣。甚矣！世变之亟也。

夫天下物所鲜所多，人民谣俗，山东食海盐，山西食盐卤，领南沙北固往往出盐，大体如此矣。

史公论货殖，注重物产与谣俗，物产视其所鲜所多，取之于有余之地，而鬻之于不足之地，则商业之利可得矣。地之生财，各有不同；同一盐也，而山东所产者为海盐，山西所产者为盐卤，一出于海，一出于池，其情形不同也。

总之，楚越之地，地广人稀；饭稻羹鱼，或火耕而水耨，果隋蠃蛤，不待贾而足；地势饶食，无饥馑之患；以故呰窳偷生，无积聚而多贫。是故江、淮以南，无冻饿之人，亦无千金之家。

楚、越、江、淮一带，为今中国之南部，范围广大，三河南阳各帮，经营商业，即注意于此，视为利薮。凡商业公例，必“地小人众”之地之人；至地广人稀之地，以商业分地广人稀之地之利。史公于上文论京师帮，则曰：“地小人众，故其民益玩巧而事末也。”论三河帮，则曰：“土地小狭，人民众。”凡以说明此原则也。楚、越之地，地势饶食，不忧冻饿，故呰窳偷生，而无积聚，而纤俭之三河人，遂得以其所积聚之母金，贸易其间，以获赢利。饭稻，以稻作饭也。羹鱼，以鱼作羹也。火耕，耕田用火烧土以杀虫也。水耨，言田中有草，草短稻长，以水灌田，则草死，而稻无损，如此可以借水力去草也。耨，除草也。陏，一作蓏，音裸。木所结之实，谓之果。草所结之实，谓之蓏。蠃，即螺。楚、越之地，果蓏螺蛤，皆为天产，不假人力，亦不待商人贩运而来。呰音紫，弱也。窳音愈，惰也。呰窳偷生，苟且懒惰之谓也。

沂、泗水以北，宜五谷桑麻六畜。地小人众，数被水旱之害，民好畜藏，故秦、夏、梁、鲁好农而重民。三河、宛、陈亦然，加以商贾。齐、赵设智巧，仰机利。燕、代田畜而事蚕。

北方地小人众，数被水旱之害，故民好畜藏，农、工、商三业并兴，农业固根本之图，而三河、宛、陈，又加以商业之利，齐、赵则设智巧，仰机利，又有工业之利。燕、代则田猎畜牧，且事蚕业。

上文西楚一段，言“陈在楚、夏之交，通鱼盐之货，其民多贾。徐、僮、取虑则清刻矜已诺”。可见陈人清刻守信，其地位又适在南阳与西楚之间，故又能南阳帮之外，别树一帜。此处以三河、宛（南阳帮）、陈并举，非无故也。

地方之都会，以临菑邯郸为巨擘。齐人足智，其物产多文彩布帛，盖自太公劝女工，极技巧，齐之工业，固足以冠带衣履天下，此临菑之所以为当时最大之工业都会也。邯郸南邻临菑，风俗相近，此处言“齐赵设智巧，仰机利”，可见工业上之巧，当时齐、赵并称。

由此观之，贤人深谋于廊庙，论议朝廷，守信死节；隐居岩穴之士，设为名高者，安归乎？归于富厚也。是以廉吏久，久更富；廉贾归，富。

贤人、隐士，为世所尊；然世间享富贵者，亦往往为此种人。廉吏名誉佳，地位固，久之则亦有所积贮，以成其富。廉贾，乃商人之勤勉而不贪厚利者，惟其不贪厚利，故所售之物，价值较他家为廉，而顾客日多，营业日盛，反以致富。此段言贤人、隐士、廉吏、廉贾不言富而富自归之，此智术最高者也。

富者，人之情性，所不学而俱欲者也。故壮士在军，攻城先登，陷阵却敌，斩将搴旗，前蒙矢石，不避汤火之难者，为重赏使也。且在闾巷少年，攻剽椎埋，劫人作奸，掘冢铸币，任侠并兼，借交报仇，篡逐幽隐，不避法禁，走死地如骛者，其实皆为财用耳。

搴音愆，取也。难读去声，患也。闾，里门也。巷，里中道路。闾巷少年，言里中少年之人。椎埋，言椎杀人而埋之，以夺其财也。篡，夺取也。幽，隐也。幽隐，谓隐匿财物也。“走死地如骛”下，《宋本》有“者”字。此段言攻城陷阵之壮士，所以不避矢石汤火之患者，为重赏耳。里中无赖之少年，所以不避法禁，而走死地者，为财用耳。此种得财之法，较之贤人、隐士、廉吏、廉贾为危险矣。

今夫赵女、郑姬，设形容，揳鸣琴，揄长袂，蹑利屣，目挑心招，出不远千里，不择老少者，奔富厚也。游闲公子，饰冠剑，连车骑，亦为富贵容也。弋、射、渔、猎，犯晨夜，冒霜雪，驰阬谷，不避猛兽之害，为得味也。博戏驰逐，斗鸡走狗，作色相矜，必争胜者，重失负也。医方诸食技术之人，焦神极能，为重糈也。吏士舞文弄法，刻章伪书，不避刀锯之诛者，没于赂遗也。

史公此处描写各种社会之情态，可谓形容尽致，读之令人喷饭；虽似言之太过，然实际观察，方知史公写生妙手，真能绘形绘声，有非他人所能及者。设形容，妓女作媚态也。揳音击，同戛。

击之也，掠之也。蹑利屣，穿舞鞋也。揄音俞，引也。作色相矜，赌博胜负，现于面色，胜则互相骄矜，言赌博的人，放出一种神气，并且互相摆架子，但是他们究竟为点什么？为的是恐怕输钱，老实讲，就是要赢钱，故曰“重失负也”。医方，言医生能开方治病者。诸食技术之人，包括一切江湖卖技，及其他以技术谋生之人。焦神，焦灼其精神，犹言用尽心思。糈音胥，粮也。今大都会（如上海）中一般妓女赌客及游戏场之卖技者，其要钱不要命之情态，为史公写尽矣！此取财方法之最下者也。较之深谋廊庙之贤人，岩穴名高之隐士，相去何如？较之廉吏廉贾，相去又何如？舞文弄法，舞弄法律之条文，得钱则为人加重或减轻其罪；刻章伪书，刻假图章，作伪文书，这种事，是要吃官司的，但是一般吏士不怕，是什么道理？他的良心，为赂遗所汩没了。赂音路，赠人以钱。遗去声，亦赠人以钱也。

农、工、商、贾畜长，固求富益货也。此有知尽能索耳，终不余力而让财矣。

上文言战士、恶少、妓女、赌客、术者、吏士等之求财，至于农、工、商、贾畜长，固亦求富益货为目的，更无待言矣。凡此惟尽其知识能力以求财，决不肯余力而让财也。

谚曰：百里不贩樵，千里不贩籴。居之一岁，种之以谷；十岁树之以木；百岁来之以德。德者，人物之谓也。

百里之内，必有樵者，不必为之贩柴。千里之内，必有耕者，不必为之贩米。欲求一年后之结果，在种谷。求十年后之结果，在树木。如欲为百岁之计，则在以德，使人物归来。所以施德者，亦在得人物耳；此其所希望者，较之种谷树木更为大矣。

今有无秩禄之奉，爵邑之入，而乐与之比者，命曰素封。封者，食租税，岁率户二百，千户之君，则二十万。朝、觐、聘、享出其中。庶民、农、工、商贾，率亦岁万息二千，户百万之家则二十万，而更、徭、租、赋出其中。衣食之欲恣所好美矣。

素封之一名词，史公创之，素，空也。言虽非封君，然而其快乐可与封君相比也。岁率户二百，言每岁定数，每户二百也；一千户共得二十万。率音律，封君得此二十万，朝、觐、聘、享之费，皆出其中。封君为天子所封，有食邑而富。今庶民为农、工、商、贾者，有资本一万，每年利息之定数，亦为二千；家有百万者，则可得二十万。其所入与封君同；除去更、徭、租、赋外，其他所余之钱，可用以购取美衣美食，逞其意之所欲矣。

故曰：陆地牧马二百蹄，牛蹄角千，千足羊；泽中千足彘，水居千石鱼陂，山居千章之材；安邑千树枣，燕秦千树栗，蜀、汉、江陵千树橘，淮北、常山已南河、济之间千树萩，陈、夏千亩漆，齐、鲁千亩桑麻，渭川千亩竹；及名国万家之城，带郭千亩亩钟之田，若千亩卮茜，千畦姜韭，此其人皆与千户侯等。

此段为史公之特别千字调，句法凡十二变，而每句不脱千字，真奇文也。牧马二百蹄，每马四蹄，言养马五十匹也。牛四蹄二角，牛蹄角千，言牛一百六十七头也。千足羊，千足彘，言羊与彘二百五十头也。鱼陂，陂泽养鱼者，一年之中，可得鱼重一千石。章，大材也。千章之材，木材一千棵。安邑，山西旧河东道安邑县。已，与以通。常山已南，即常山以南也。常山，汉郡名，今河北正定一带。萩，与楸通，落叶乔木，其材可为棋局。带郭千亩，附郭之田千亩也。亩钟之田，每亩出米一钟之田也。钟，六斛四斗。卮，烟支也。茜，一名红蓝，其花可以染绘，作赤黄色。

然是富给之资也，不窥市井，不行异邑，坐而待收，身有处士之义，而取给焉。若至家贫亲老，妻子软弱，岁时无以祭祀进醵，饮食被服不足以自通，如此不惭耻，则无所比矣！

富者可坐而待收，有处士之义。若贫者，事富无资，被服不足，岂不可耻乎？醵，音噱。又音遽。合钱聚食也。曾子啜菽饮水，尽其欢。子路衣敝缊袍，与狐貉者立而不耻。寻常之人，岂能如是耶？

是以无财作力，少有斗智，既饶争时，此其大经也。

此三语为立业之本。赤手创业，未有不循此途辙者，须知吾人之精力，即无穷之资本。孔子曰：“货恶其弃于地也，力恶其不出于身也。”故生财之本，在于作力。世之慵惰者，往往希安富，不知其相去千里也！作力之后，少有母金，方可出其智巧，以与人争；及所积既饶多，乃可乘时获利，如陶朱、白圭之所为。经，常道也。

今治生不待危身取给，则贤人勉焉；是故本富为上，末富次之，奸富最下。无岩处奇士之行，而长贫贱，好语仁义，亦足羞也。

此即“如此不惭耻，则无所比矣”之意。

凡编户之民，富相什则卑下之，伯则畏惮之，千则役，万则仆，物之理也！夫用贫求富，农不如工，工不如商，刺绣文不如依市门，此言末业，贫者之资也！

人民在法律中虽平等，而在经济上极不平等。富之足以役贫，亦物理之自然也。然贫者岂终于贫而不能为富乎？则莫如从事工业，更莫如从事商业。刺绣文不如依市门，乃当时之俗谚。言女子在家做工，不如依门卖笑，可以多得钱也。此喻商业之利，较大于工业也。但拿依市门比商业，未免太挖苦商家了。

通邑大都，酤一岁千酿，醯酱千坻，酱千甔，屠牛羊彘千皮，贩谷粜千钟，薪稿千车，船长千丈，木千章，竹竿万竿，其轺车百乘，牛车千两，木器髹者千枚，铜器千钧，素木铁器若卮茜千石，马蹄躈千，牛千足，羊彘千双，僮手指千，筋骨、丹砂千斤，其帛絮、细布千钧，文采千匹，榻布皮革千石，漆千斗，蘖曲盐豉千荅，鲐鮆千斤，鲰千石，鲍千钧，枣栗千石者三之，狐鼦裘千皮，羔羊裘千石，旃席千具，佗果菜千钟，子贷金钱千贯，节驵会，贪贾三之，廉贾五之，此亦比千乘之家，其大率也。佗杂业不中什二，则非吾财也。

酤，卖酒也。坻音杜，长头瓶也。甔音端，大罂也。薪，柴也。稿，稻柴也。船长千丈，船相连共长千丈。轺音遥，马车也。髹音休，漆也。三十斤为钧。素木，未漆之木器。一百二十斤为石。

蹾音窍，尻骨也，一曰口也。马四蹄一口，蹄口共千，则为二百匹。僮，奴婢也。手指千，一百人也。榻布，为粗厚之布。豉音侍，豆豉也。荅，与合通，器名。鲐音台，又音贻。河豚鱼也。鮆音荠；刀鱼也。鲰，当作鲰，音辄，膊鱼也。即今不著盐而干者也。鲍，饐鱼也，即咸渍鱼也。千石者三之，谓三千石也。貂即貂皮，毛多作紫黑色，甚轻暖。旃，与毡通。佗，与他通。钟，六斛四斗。节，节物贵贱也。驵，祖郎切。臧，上声。驵侩，即牙侩，即今之牙行，乃买卖之居间人也。子贷金钱千贯，节驵侩，言有金钱千贯，贷出以取利子，而操纵物价之牙行商人也。贪贾三之，廉贾五之，贪利之商人，售价过昂，乏人过问，故营业不振，而得利仅居十之三；廉贾反之，得利十之五。大率，大概也。以上所举各种，大概皆足比千乘之家也！其他杂恶之业，什分中不能得二分之利者，则非吾之所谓美财也。

请略道当世千里之中，贤人所以富者，令后世得以观择焉。

下文所举，皆关内外一带贤人。所谓贤人者，当时之实业家也。史公文错综多变，下文齐赵与三河，工业与商业，交互盘曲而下，而当时实业家之精神，活跃纸上矣。

蜀卓氏之先，赵人也，用铁冶富。秦破赵，迁卓氏。卓氏见虏略，独夫妻推辇，行诣迁处。诸迁虏少有余财，争与吏，求近处，处葭萌。唯卓氏曰："此地狭薄，吾闻汶山之下，沃野，下有蹲鸱，至死不饥。民工于市，易贾。"乃求远迁。致之临邛，大喜，即铁山鼓铸，运筹策，倾滇蜀之民，富至僮千人，田池射猎之乐，拟于人君。

此段言河东帮之以铁冶起家者。先；祖先也。用铁冶富，因铁冶而富也。史公言此以见卓氏先世，即精于冶铁。辇音连，上声，人力所挽之车也。诣迁处，至所迁之处也。葭萌，在今四川昭化县。汶山在今四川茂县。蹲鸱，芋也，可食。临邛，汉时县名，属蜀郡，今四川邛崃县。汶一作岷。岷山之下，即指临邛也。卓氏本思至汶山之下，食芋营商，及至临邛，又得铁山，于是出其技能，从事鼓铸，又运商业上之计策，使滇蜀之民，为之倾动，家中大富，用奴婢一千人，田园池沼及射猎之乐，可比一国之君。

程郑，山东迁虏也，亦冶铸。贾椎髻之民，富埒卓氏，俱居临邛。

程、郑二家，亦关外人，其职业及经营事业之地，皆与卓氏同；其富亦与卓氏同。椎髻之民，西南夷也，其髻如椎。埒音力，相等也。椎髻，当作魋结。

宛孔氏之先，梁人也，用铁冶为业。秦伐魏，迁孔氏南阳。大鼓铸，规陂池，连车骑，游诸侯，因通商贾之利，有游闲公子之赐与名。然其赢得过当，愈于纤啬家致富数千金，故南阳行贾尽法孔氏之雍容。

此段言南阳帮之以铁冶起家者，孔氏其最著也。孔氏于铁冶之外，亦兼营商业。其经营商业之方法，重在交际。他在家里，规画陂泽池塘，点缀风景，以娱宾客。出门的时候，车马相连，游历各国，与诸侯交通，即于其中，通商贾之利。他既然十分阔绰，所以游闲公子，多赐以助力，替他宣扬名誉（善案："赐予"二字，汉书无；今据志疑删）。他的交际费，虽花得很大，但是他所赚的钱，比所用的超出许多，比旁的商人专门小算的，结果好得多。孔氏既然用这种方法致富数千金，故南阳一带做生意，都是学孔氏的态度，外面看起来，十分宽缓从容。这是南阳帮的特色，可以拿孔氏来做代表，与三河帮的专事纤俭，大不相同。

鲁人俗俭啬，而曹邴氏尤甚，以铁冶起，富至巨万。然家自父兄子孙约，俛有拾，仰有取，贳贷行贾遍郡国。邹鲁以其故多去文学而趋利者，以曹邴氏也。

此段言鲁之以铁冶起家者，曹邴氏其代表也。鲁人俭啬，与纤俭之三河帮，性质相同，可为一派。曹邴氏，《汉书》作丙氏。俯有拾，仰有取，形容曹邴氏之随处留心利益，不肯丝毫有所放弃也。贳音世，贷也。曹邴氏放债做生意，遍于各郡国。邹、鲁本文学之邦，但因为出了曹邴氏，都丢掉文学而趋商贾之利。

以上所举卓、孔、程、曹邴，皆以铁冶起家，史公但言其姓氏，而不言其名，当指一族而言。史公之意，以为商业为一种团体活动，故先于上文言一地方之商帮，此处又举一姓之小商帮。

齐俗贱奴虏，而刁间独爱贵之。桀黠奴，人之所患也，唯刁间收取，使之逐鱼盐商贾之利，或连车骑，交守相。然愈益任之，终得其力，起富数千万。故曰：“宁爵毋刁。”言其能使豪奴自饶而尽其力。

此段言齐人刁间之利用桀黠奴虏，此又营业方法之别开生面者。要之，人各有长，在用之得其宜，御之得其道，则豪奴亦生财利器也。虏，奴仆也。“宁爵毋刁”，言宁不要世间的爵禄，情愿做刁间的奴虏，这是一般豪奴所讲的话。可见刁间待他们很好，使得他们饶富，故人人尽力。

周人既纤，而师史尤甚。转毂以百数，贾郡国，无所不至。洛阳街居在齐、秦、楚、赵之中，贫人学事富家，相矜以久贾，数过邑，不入门，设任此等，故师史能致七千万。

周人就是洛阳帮，他们本来十分纤俭，但是洛阳帮里头，要算师史氏最为纤俭了。他家资本很大，有车子数百部，去各郡国做生意，没有一处不到。毂，车轮中心圆木；转毂以百数，言常常转动运货的车子有数百部。街，四通大道也。洛阳之大道，可以通齐、秦、楚、赵，故成为交通之中心点。洛阳帮商业之盛，所以为三河之冠者，亦赖有街有车，方能贾郡国，无所不至。而洛阳街上居民耳濡目染，无非商业。贫者见他家以商业致富，亦学富家之事，人人以商为重。洛阳人常常出外经商，即有事，路过洛阳亦不回家。用此种精神，专心业务，故商业日盛，而师史一家能致富七千万。《汉书》作十千万，言万万也。此段虽言师史事，而仍重在洛阳帮，描写洛阳人性质风尚与其交通。

宣曲任氏之先，为督道仓吏。秦之败也，豪杰皆争取金玉，而任氏独窖仓粟。楚汉相距荥阳也，民不得耕种，米石至万，而豪杰金玉尽归任氏，任氏以此起富。富人争奢侈，而任氏折节为俭；力田畜。田畜人争取贱贾，任氏独取贵善。富者数世。然任公家约：非田畜所出，弗衣食。公事不毕，则身不得饮酒食肉。以此为闾里率，故富而主上重之。

此段言京师帮任氏之致富，亦一姓小商帮之能成功者也。宣曲，汉京师附近地名。督道仓吏，督租谷使上道之仓库官吏也。或曰：督道为仓所在地名。任氏祖先既为此官，故于米谷供求情形，最为熟悉。秦末大乱，任氏不取金玉，独藏仓粟。窖音教，藏也。及楚项王与汉王在荥阳地方，互相抵距，兵连不解，百姓不能种田，米价大涨，豪杰不得不拿从前所取的金玉，向任氏买米，以为兵粮，所以金玉尽归任氏，任氏以此起富。富者多奢侈，而任氏独能屈己下人，力事节俭，并努力种田、畜牧；种田、畜牧的人，往往贪便宜，以贱价买田地，买畜种；田既不佳，种亦不良，所以田中出产既少，而畜牧之利亦薄。惟任氏不惜目前之费，独取贵善者而买之。故生产日多，而其家富数世。然任氏家甚俭约，非田畜所出，弗衣食。公事不毕，则他老人家自己决不饮酒食肉。以此为里中的规矩。故汉朝皇帝亦敬重他。荥阳，河南旧开封道荥泽县。

塞之斥也，唯桥姚已致马千匹，牛倍之，羊万头，粟以万钟计。

边塞之开拓，惟桥姚因此致富。桥姓，姚名。斥，开也。

吴、楚七国兵起时，长安中列侯封君，行从军旅，赍贷子钱。子钱家以为侯邑国在关东，关东成败未决，莫肯与。唯无盐氏出捐千金，贷，其息什之。三月，吴、楚平，一岁之中，则无盐氏之息什倍，用此富埒关中。

此段言京师帮无盐氏之致富。无盐氏为子钱家，子钱家犹今之银行家，专以放款为业者也。此种人最势利。汉时吴、楚七国反，京城里的列侯、封君，都出门从军。于是愿出利子借钱，以给费用。但一般势利的子钱家，以为列侯之国在关东，关东战事胜负未定，假使一旦打了败仗，不是连本钱都抛弃了么？所以大家不肯放款。惟无盐氏眼光比众不同，独出千金，贷之列侯，其利息以十倍计。及三月，而吴、楚平，列侯打了胜仗，而无盐氏之千金，变为万金了。赍，给与也。贷，假也。埒，等也。无盐氏之事，与拿破仑时犹太银行家歇洛克事相类。拿破仑盛时，英国公债大跌，独歇洛克收买之。及拿破仑败，英公债飞涨，而歇洛克大富。然歇早已探得法军败耗，而淆乱是非，流布英军战败之谣，使英债益跌；设计诡谲，不若无盐氏之冒险放款，尚有急公之义。

关中富商大贾，大抵尽诸田：田啬、田兰。韦家栗氏，安陵杜氏，亦巨万。此其章章尤异者也。皆非有爵、邑、奉禄，弄法犯奸而富。尽椎埋去就，与时俯仰，获其赢利。以末致财，用本守之；以武一切，用文持之。变化有概，故足术也。

安陵，汉县名，属右扶风，在今陕西咸阳县东。杜亦汉县名，属京兆尹，在长安南五十里。关中富商姓田的很多，其中田啬、田兰最著名。还有姓韦的姓栗的，在安陵县。杜县姓杜的最盛；这都大大有名的。论到他们致富的原因，并不靠什么爵、邑、俸禄，实在不外两种缘故，一种是弄法贩奸而富，一种是观察货物市价之涨落，推移去就，与时俯仰，获其赢利。他们既以末业发财，乃用农业以守产；以武力应付一切，而用文以保持之。他们的变化，自有一种法度标准，故足以称述也。术，与述同。巨万，万万也。章章，明也；言出名也。奉，与俸同。“椎埋”，顾亭林以为“推移”二字之误。（善案：“椎埋”为“推理”二字之误；推理，言推测物理也）推移去就，与时俯仰，言察时而进出货物，贬抑其价；或提高其价也。末，指商业。本，指农物。概，量米时用以平斗斛之木也。此处含准则之意。

史公于第一段，插一句“千金之子”，第四段，插一句“千金之家”，于第五段中，论“秦封”，自“今有无秩禄之俸，至皆与千户侯等”止，连用十八个千字，自“编户之民”起，及下文“通都大邑，至千乘之家，其大率也”止，又连用三十三个千字，凡以见“千金之家”足以“抗千乘”也。于是第六段略道当世千里之中，贤人所以富者，其所举卓氏、程、郑、孔氏、曹邴氏、任氏、无盐氏、诸田、韦家、栗氏、杜氏，皆所谓“千金之家”也。

若至力农畜，工虞商贾，为权利以成富，大者倾郡，中者倾县，下者倾乡里者，不可胜数。

竭力以经营农业、畜牧业、矿业、铁业、商业，握权取利以致富，此货殖之常轨也。

夫纤啬筋力，治生之正道也，而富者必用奇胜。田农，拙业（善案：“拙业”二字，据读书杂志及《集解》改“掘业”），而秦阳以盖一州。掘冢，奸事也，而田叔以起。博戏，恶业也，而恒发用之富。行贾，丈夫贱行也，而雍乐成以饶。贩脂，辱处也，而雍伯千金。卖浆，小业也，而张氏千万。洒削，薄技也，而郅氏鼎食。胃脯，简微耳，浊氏连骑。马医，浅方，张里击钟。此皆诚壹之所致。

纤啬，言俭也。筋力，言勤也。勤俭，治生之正道也。然富者往往出奇制胜。如秦阳之农，雍乐成之贾，雍伯之贩脂，张氏之卖浆，郅氏之洒削，浊氏之胃脯，张里之马医，甚至如曲叔恒发之掘冢、博戏，诚心壹意以为之，无不致富成名，人亦不以为贱矣。盖一州，为一州中之第一。脂，如牛油之类。洒削，言削刀者以水洒之也。鼎食，食时用鼎也。胃脯，以五味和羊胃成脯也。连骑，出门时有许多之马随其后也。击钟，食时击钟也。史公好奇，田叔、恒发之富，究不可为训。

由是观之，富无经业，则货无常主。能者辐凑，不肖者瓦解。千金之家，比一都之君；巨万者，乃与王者同乐。岂所谓素封者邪？非也？

经业，恒业也，即常守其富之意。辐凑，如车轮中之辐，皆凑聚于中心也。瓦解，如瓦之堕地，而解散分裂也。末句非也之也，亦疑问之词。

史公此传欲以造成“千金之家”，第一段中言：“农、工、商、贾、虞为衣食之原，上则富国，下则富家，贫富之道，莫之予夺，而巧者有余，拙者不足。”第二段叙春秋战国之货殖家，于范蠡则述其言曰：“计然之策七，越用其五而得意；既已施于国，吾欲用之家。”于白圭则又述其言曰：“吾治生产，犹伊尹、吕尚之谋，孙、吴用兵，商鞅行法是也。”可见富国富家，理无二致。巧者、能者辐凑而有余，拙者、不肖者，瓦解而不足才智之士，苟不能见用于国，自可发挥其能力，以成“千金之家”。

自“蜀卓氏之先”起，列叙汉代诸氏之盛，随处插入千字，如卓氏之僮千人，曹邴氏之致富数千金，刁间之起富数千万，师史之能致七千万，桥姚之致马千匹，无盐氏之出捐千金贷，雍伯千金，张氏千万，笔端常有一“千”字缭绕其间，以与上文论“素封”一段千字调相呼应。

此传可前后两部：自“老子曰”起，至“夫倮鄙人牧长，清穷乡寡妇，礼抗万乘，名显天下，岂非以富邪？”为前部。此部起处，即发明经济原理。其后述计然、范蠡、白圭之说，互相印证，全部以“富家”二字为骨。自“汉兴海内为一”起，至篇末为后部。此部先述京师、河东、河内、河南、南阳，及各地商帮经营之实况，后述卓氏、孔氏、曹邴氏、程、郑、师史、任氏、无盐氏等各大家经商之情状，而全部以“千金之家”四字作骨。

此传细分之，可区为七段：第一段，论经济原理。第二段，记春秋时之实业家。第三段，记战国时之实业家。以上属前部。第四段，记汉时各商帮之贸易区域，及其风俗物产。第五段，论地理与人生之关系，并言社会心理与经济之关系。第六段，论“素封”。第七段，记汉代富家诸氏之事实。以上属后部。

风俗者，社会心理之表现也。史公此传，最重心理，可知货殖之道，实为心战。夫心不变则理亦不变，史公所描写者，虽今日读之，仍觉其新颖可喜者。无他，古今之心象相同也。计然之知物，朱公之择人，子贡之废著，白圭之观时，皆练心积知之结果，而白圭知、勇、仁、强之论，尤为治产金针。至三河之纤俭习事，自可战胜种、代之懻忮，中山之懁急，梁、鲁、野五之矜节好气，燕之雕捍、少虑，齐之宽缓，鲁之龊龊，梁、宋之重厚，西楚之剽轻易怒，南楚之巧说少信，若赵女郑姬之目挑、心招、博戏、驰逐之作色相矜，医方、技术之焦神极能，亦皆情性之所发。至若卓氏之运策，孔氏之雍容，曹邴之俭啬，刁间之爱桀黠，师史之纤，任氏之约，与夫秦阳雍乐成之诚壹，皆其致富之原。故货殖一传，从心理上描写。

史公喜写实，此传绘形绘声，活画经济界实状，丝毫不带头巾气。

农、工、商、虞，为衣食之原。太公、管仲以之富国。计然与范蠡师徒二人，一则富国；一则富家。自子贡、白圭以至汉之卓孔诸田，则以富家。此传既名为货殖，自宜侧重富家一面说，故全传以“千金之家”为线索。第一段，有“千金之子”。第二段，有陶朱公之“三致千金”。第五段言“江、淮以南无千金之家”。至第六段则言“素封”者，可比千户侯、千乘家。第七段，仍以“千金之家，比一都之君，岂所谓素封者邪非也”作结。而全传中共用六十六个千字，真奇文也。

国而多千金之家，则其国之富强可知。且实业之事，愈专而愈精。苟世守其业则自能以诚壹致富。史公记汉时货殖家，所以称某氏者，盖皆一姓之能世守其专业以富者也。德国之克鲁伯氏，以铁冶著，犹汉之卓孔；日本之三井氏，昔为政府粜籴，犹汉之任氏。今社会屡变，然实业世家终为社会所重，不若俄之地主贵族，受平民豢养数百年，知能尽室，一旦遭变革，则流为沟中瘠也。

物价升降，为货殖要点。苏俄行新经济政策后，物仍有价，其他各国更无论已。有价必有涨跌，此实业家首宜研究之问题也。史公于此，尤三注意：第一段中之“物贱之征贵，贵之征贱”，及计然之时用知物，陶朱之逐时，子贡之鬻财，白圭之观时变，皆斤斤于物价有如水。水之平，水之性也，而不能无波动以分上下，然仍必动荡而趋于平。寓不平于平，寓平于不平，其中自有至理存焉。苟非专心体验，而世守其业，乌足以知之耶？

读此传不可不参看《汉书·地理志》：如唐人都河东，殷人都河内，周人都河南一段，河东、河内、河南，皆汉之郡名。下文杨、平阳西贾秦、翟，北贾种、代；温、轵西贾上党，北贾赵中山；洛阳东贾齐、鲁，南贾梁、楚三句，为此段三大纲。而杨县、平阳县属河东郡；温县、轵县属河内郡；洛阳县属河南郡。故上下文关系密切。若不明汉时郡县，读此必堕五里雾中。本书于各地，均细为诠释。

货，财货也。殖，生也。货殖者，生财之道也。孔子言：“赐不受命，而货殖焉。”是言子贡不受天命，而能生财。夫苟生财有道，则富国富家，福利无穷。今商战日亟，中国经济日益觳薄，生财乏术，徒兴亡国之嗟；缅怀往哲，真令人有无穷之感矣！

自“汉兴海内唯一”起，至“故至今谓之夏人”止，太史公详记各商帮经商之实况，为全传精华。本书诠释甚详，读之方知史公于此，将以提倡地方商帮，为团体竞争。盖实业为社会之活动，而非一二人之事业也。

钟伯敬（钟惺、明竟陵人）曰：“货殖之说，昉于子贡，其来历已不同矣。就中有至理，有妙用，有深心。今读其文，而天时、地理、人事之变，如指诸掌。其本末经权，盖必有管、商之才，而又出之以黄老之学者也，既以施之国，欲用之家，此《货殖传》大意也。而其通篇归重处，又借白圭一段议论发之，便知货殖非细事。货殖之人非庸人。故曰：‘请略道当世贤人所以富者。’而以卓、任诸人实之，皆一时奇士。体用足以经国，不试于时而小用之。太史公借以写其胸中实用，又以补《平准》之所未备。其意若谓《平准》书中一切言利之人，兴利之事，究竟于国计无裨，皆所谓‘最下者与之争’。而足国生财，自有利。道教诲整齐之理，俱可于《货殖传》悟而得之。今观《平准》言利，渐向剥削；《货殖》言利，渐向条理。故曰：《货殖》者所以补《平准》之所未备也。盖从学问世故中淹透出来，将治身治国，与货殖不分作二事看，方有此文。大抵凡事看得深者，看《货殖传》亦深；凡事看得浅者，看《货殖传》亦浅。古人作一字，作一文，皆有原委。乃云司马迁遭腐刑，贫不能自赎，而发愤于此，何其以‘细人之心，度君子之腹也’？”竟陵此评，颇能阐发龙门精意。